Sebastian Lörscher

MAKING FRIENDS
IN BANGALORE

Mit dem Skizzenbuch in Indien

Edition Büchergilde

FOREWORD

Im November 2011 reiste ich für einen Monat in den Süden Indiens, nach Bangalore. Ich besuchte eine Stadt, die sich momentan in einem unvergleichlichen Wandel befindet. Eine Stadt, die zu den am schnellsten wachsenden Städten der Welt gehört und deren Einwohnerzahl sich aufgrund der boomenden IT-Industrie im letzten Jahrzehnt auf über 8,5 Millionen verdoppelt hat. Eine pulsierende Metropole, ein Schmelzkessel unterschiedlichster Kulturen, Religionen und Lebensformen.

Bevor ich nach Bangalore kam, kannte ich Indien nur aus dem Fernsehen. Ich wusste, dass sich die Frauen dort mit bunten Tüchern kleiden und die Inder mehrere Gottheiten haben, von denen einer einem Elefanten ähnelt. Ich wusste, dass Kühe dort heilig sind, hatte schon mal einen Bollywood-Tänzer auf Youtube gesehen und ja, ich war tatsächlich auch schon mal indisch essen.

Ich wusste aber weder etwas über den Alltag der Inder, noch hatte ich tiefere Kenntnisse von ihren kulturellen Gepflogenheiten. Noch nie war ich mit einer Rikscha gefahren, noch hatte ich jemals Reis mit der Hand gegessen oder war in einem Tempel gewesen. Ich wusste nichts über dreitägige indische Hochzeitsrituale, hatte keine Ahnung wie man hier Parties feierte und außer Mahatma Gandhi kannte ich keinen einzigen berühmten Inder. Ich wusste weder wie der so hochgelobte Tee schmeckte, noch wie man Cricket spielte und noch nie hatte ich bis dato von den gefährlichen Löchern in der Straße gehört.

Alles in allem wusste ich also rein gar nichts über die Inder - weder wie sie lebten und arbeiteten, noch was sie dachten und was sie bewegte.

Da ich über all das gerne mehr erfahren wollte, tat ich das, was man als Zeichner eben tut, wenn man an einem fremden Ort ist und sich nicht auskennt: Ich setzte mich auf die Straße – und zeichnete.

10.

"Very nice sketch, sir!"

"Where do you come from?"

"GERMANY!"

SHANTHI NAGAR.
Shanth Kumar.
Sadiq.
Usman.
Murthi

KARNATAKA FLAG
KA RAJYOTSAVA
1. NOV. – 31. NOV.

HAFEEZ

* In Indien zahlt man mit »Rupees« (₹ / Rs.). 100 Rs. ≅ 1,20 €.

"Rikshaw-driving: No loss, no profit."

"One day: God gives 300 Rs., next day: 200 Rs., the other day: nothing. Like God wants. Am I right, Sir?"

"Before driving rikshaw I was working for the railway. Then I had my own business in the cement industry."

HAFEEZ

"When I am end,
work is end."

32

Businessmen

The Wedding

The bride, the priest and
the bridegroom perform the
»DHARE«-ritual.

»It's a traditional ritual to bless
the new couple. Elders and friends
pour coconut milk over the coconut
held in the couple's hands. You see,
in Indian weddings everything is a bit
about the coconut...«

MD. AFROZ   DAWOOD

CHAND

PADMA.
NAGRAJ.

LAUNDRY SERVICE

SCRAP BUSINESS   PALANI.

Break.

S. R. Vales

(puncher) INDIAN WALKING Shop
MOTORCYCLE BUSINESS

IRON BUSINESS.

Holes
in
Bangalore
—
(Beware!)

84

NOTHING ELSE MATTERS

Chandru (15) & Venkatesh (17)

Muharram

♪ ♩

Si-lent night, ho-ly night...♪

♬

Iraq &...

* Shopping-Straße in Bangalore.

EPILOGUE

BANGALORE

Ein Meer aus bunten Farben, Millionen umherwimmelnde Menschen, lawinenartiger Verkehr, ein immer über der Stadt schwelender Lautstärkepegel aus Hupen, Fahrzeug- und Menschenlärm, undefinierbare Dinge anpreisende Markthändler, schöne Inderinnen mit Blumen im Haar, unzählige Gerüche an jeder Straßenecke, drückende Hitze.

Als ich nach Bangalore kam, war ich anfangs gleichermaßen beeindruckt wie verloren in all den neuen mich umgebenden Eindrücken. Alles war neu, alles war ungewohnt.

Es dauerte, bis ich mich daran gewöhnte, dass alle Inder mich mit »Sir« anredeten und immer so komisch mit dem Kopf wackelten, wenn man sie etwas fragte. Es dauerte, bis ich mich traute, trotz des tosenden Verkehrs eine Straße zu überqueren. Es dauerte, bis ich lernte, das Essen mit meiner rechten und nicht mit meiner zwar geschickteren, aber als »unrein« angesehenen (und zum Hintern-Abwischen vorgesehenen) linken Hand zu mir zu nehmen. Es dauerte, bis ich den Straßenhunden mit breiter Brust begegnen konnte. Und es dauerte, bis ich es normal fand, dass mir beim Zeichnen ständig bis zu 30 Leute über die Schulter schauten.

Doch schon bald fand ich mich zurecht und war fasziniert von einer Stadt in ständigem Aufruhr, einer Stadt voller Kontraste: da ein hochmodernes, verglastes Firmengebäude neben einem Slum-Viertel, dort ein Schrotthändler neben einer Luxusboutique, Geschäftsmänner im Anzug neben Frauen im Sari und oberkörperfreien Reissackträgern, ein neuer BMW auf der Straße neben einer heiligen Kuh.

Diese Worte gab mir ein Inder kurz vor meiner Abreise mit auf den Weg. Und obwohl das »Business« mit Sicherheit nicht immer nur die positiven Seiten des Menschseins zutage bringt, muss man doch tatsächlich mit diesem Thema beginnen, wenn man ein wenig verstehen will, warum die Bewohner Bangalores so leben wie sie hier leben, und warum diese verrückte Stadt so ist wie sie ist.

BOOMTOWN

Innerhalb der letzten 20 Jahre erlebte Bangalore einen unvergleichlichen Aufschwung auf dem Bereich des IT-Sektors. Unzählige Technologie-Firmen aus dem In-, besonders aber aus dem westlichen Ausland wurden angelockt von den attraktiven Bedingungen, die ihnen diese Stadt bot: billige und sehr gut ausgebildete Arbeitskräfte, eine vorteilhafte Wirtschaftspolitik des indischen Staates, reichlich Baugrund sowie ein ganzjährig heißes Klima. In Höchstgeschwindigkeit schossen neue Firmensitze aus dem Boden, ganze Industrieparks entstanden und entstehen auch weiterhin.

Electronic City
Industrie-Park am Stadtrand Bangalores

Die angesiedelten Unternehmen mit ihren neuen, lukrativen Arbeitsmöglichkeiten ziehen wiederum Unmengen von Menschen an – Menschen aus allen Regionen Indiens, Menschen mit unterschiedlichsten kulturellen Hintergründen, Menschen verschiedenster Religionen. Der hochqualifizierte IT-Fachmann oder Software-Manager kommt genauso wie der einfache Teeverkäufer, der Bauarbeiter, die Haushälterin oder der Rikscha-Fahrer. Alle wähnen ihre große Chance in Bangalore, alle wollen am Aufschwung der Stadt teilhaben. Bis heute wächst Bangalore unaufhörlich. Aus einer Stadt wurde eine Metropole, aus der einstig so idyllischen »Garden City« wurde die »IT-Boomtown«.

WORK

Heute ist die Dynamik und die Bewegung Bangalores durch alle Gesellschaftsschichten hinweg spürbar. Ständig ist man umgeben von Menschenmassen, die geschäftig irgendeiner Tätigkeit nachgehen (auch wenn einem als Außenstehenden nicht immer ganz einleuchtet, was genau sie da tun). Jeder scheint sich als kleines Rädchen im monströsen Bangalore-Gebilde zu sehen, jeder möchte seinen Beitrag dazu leisten, damit sich nicht nur der Einzelne, sondern auch die Stadt und das Land sich weiterdrehen.

Der Lern- und Arbeitswillen der Inder gepaart mit ihrer positiven Mentalität waren für mich sehr beeindruckend. Jeder ordnet sich auf irgendeine Weise in das Gefüge der Stadt ein, Fleiß und Arbeit sind Teil eines anständigen Lebens und führen zu einem guten Karma und viele der kleinen Händler verlieren dabei nie ihren Traum vom großen Wurf aus den Augen:

EDUCATION

Fragt man die Kinder aus Bangalore, was sie denn einmal werden möchten, wenn sie groß sind, so hört man oft: »Cricket-Spieler, Sänger oder Astronaut.« Ab einem gewissen Alter heißt es dann aber meist nur noch »IT Engineer«. Der Boom des IT-Sektors ist allgegenwärtig, die Nachfrage nach IT-Fachkräften steigt unaufhörlich, die guten Lebensverhältnisse, die man mit einer Arbeit in der Branche erreichen kann, sind überall ersichtlich. Der IT-Sektor stellt in vielen Augen das Tor in eine goldene Zukunft dar.

Besonders Eltern von Arbeiterfamilien, die selbst keine Bildung erfahren haben, setzen alle Hebel in Bewegung und verausgaben sich finanziell, um ihren Kindern die Ausbildung zu ermöglichen, mit der sie auf den Zug des indischen Aufschwungs springen können. Der Weg aus den ärmlichen Lebensverhältnissen führt nur über eine der unzähligen Schulen und Universitäten, die Abschlüsse im Ingenieurwesen anbieten. Mitunter verschlingen solche Schulen jedoch das Jahreseinkommen eines einfachen Arbeiters in nur einem Monat.

DARK SIDES OF THE BOOM

Die Entwicklung Bangalores hat nicht nur positive Seiten und die Explosion der Bevölkerungszahl bringt so allerhand Schwierigkeiten mit sich. Denn wohin mit all den Menschen? Die städtische Infrastruktur ist den zunehmenden Menschenmassen nicht gewachsen, kilometerlange Staus und chaotischer Verkehr bishin zum Kollaps sind das Resultat.

Ein weiteres Problem: Trotz zahlreicher Neubauten herrscht Wohnungsmangel. Die Folge: Die besser Verdienenden zahlen überdurchschnittlich hohe Summen, um Wohnraum zu bekommen, die Mieten steigen und sind für die weniger gut Verdienenden oft schwer erschwinglich. Für sie bleiben nur die ärmeren Gegenden und die Slums, in denen immer noch ein großer Teil der Bevölkerung lebt. Das Leben in Bangalore wird immer kostspieliger, die Schere zwischen arm und reich immer größer und für viele nahezu unüberwindbar.

So kann es passieren, dass einem Slumbewohner, trotz bestandener Ausbildung und einem Arbeitsplatz in einem IT-Unternehmen, der Schritt in ein besseres Umfeld nicht gelingt. Denn selbst der durchschnittliche IT-Arbeiter verdient oft nicht genug, um den Preis für ein Apartment in Bangalore zu zahlen.

Und auch sonst trägt ein Job nicht immer zum Glücklichsein bei. Der hart umkämpfte Arbeitsmarkt, Angst vor Arbeitslosigkeit und extremer Leistungsdruck münden nicht selten in 18-Stunden-Tagen, Wochenendarbeit und schließlich in Depressionen. Bangalore hat die höchste Selbstmordrate Indiens.

* etwa 120 Euro

POVERTY

Streift man durch Bangalores Straßen, so ist man oft mit der Armut vieler Bewohner konfrontiert – Menschen in Wellblechhütten, Bettler, Kranke und kaum bekleidete Menschen auf der Straße. Damit umzugehen ist nicht immer ganz einfach. Umso erstaunlicher ist es, wie die Inder selbst sich verhalten. Die, die wenig haben, tragen ihre Situation klaglos und mit Würde, Stolz und Optimismus. Sie achten sehr auf das äußere Erscheinungsbild (selbst wer sich keine Schuhe leisten kann, trägt dennoch ein gebügeltes, sauberes Hemd) und nie hört man etwas über Neid gegenüber den Reichen oder Beschwerden über das eigene Schicksal. Oft sieht man ihnen ihre Armut auch gar nicht oder kaum an.

Auch dass man mich als Weißen um Geld bat, war eine absolute Seltenheit. Nur die Kinder fragten mich des Öfteren nach einer »Münze aus meinem Land«. Aber das nur, weil sie wissen wollten, wie denn ein Euro aussah.

Ich habe den Eindruck, dass der hinduistische Glaube, dessen Lehre von einer »Einheit in der Vielfalt« spricht und dazu aufruft, an einen gerechten Kreislauf des Lebens zu glauben, viel zu dieser Lebenseinstellung beiträgt. Die Hindus glauben an Wiedergeburt, und wer gut handelt und fleißig ist, hat die Chance, in seinem nächsten Leben in ein besseres hineingeboren zu werden.

RELIGION

Das Nebeneinander der vielen Religionen in Indien ist geprägt von Konflikten. Immer wieder hört und liest man von Spannungen, Ausschreitungen und Gewalt zwischen Anhängern verschiedener Glaubensrichtungen. Besonders das Verhältnis zwischen Hindus und Muslimen, der beiden größten Glaubensgruppen in Indien (Hinduismus ca. 80%, Islam ca. 13,5%), ist stark aufgeladen.

In Bangalore erlebte ich das genaue Gegenteil: Hindus, Muslime und Christen leben oft friedfertig Tür an Tür, feiern zusammen Feste, treffen sich nachmittags zum Tee und teilen ihren Alltag.

Innerhalb von Familien kommt es durch Heirat zu religiösen Vermischungen; man trifft Inder, die hinduistische Götter wie Ganesha oder Krisha verehren, sowohl aber an Jesus wie auch an Allah glauben. Je nach Wochentag gehen sie entweder in den Tempel, die Kirche oder die Moschee. Auf der Straße wurde ich zum Beispiel von christlichen Missionaren aufgefordert, doch die schönen Tempelfiguren in mein Skizzenbuch zu zeichnen, auf dem Muharram-Fest erzählte mir ein Shiit von seiner tiefen Liebe zu Mutter Maria.

TRADITION & MODERN SPIRIT

Eine Vermischung der Kulturen findet man nicht nur bei den Religionen. Bei meinen Streifzügen durch Bangalore sprachen mich ständig Kinder auf Michael Jackson an oder fragten, ob ich nicht ihr »Facebook friend« werden wolle. Das waren nur die leisen Anzeichen für das, was ich sonst überall in Bangalore zu sehen bekam.

Wesentlich lauter waren da die Shopping-Malls, die Blockbuster-Kinos, die amerikanisch anmutenden Apartment-Komplexe und Cafés oder die bewachten Gated Communities, die man in Bangalore neben Tempeln oder Gebäuden indischer Architektur findet.

Der Einzug der westlichen Unternehmen hat nicht nur das »Business« Bangalores verändert, sondern auch sein Stadtbild und den Alltag. Immer mehr orientiert man sich an amerikanischen Erfolgsmodellen, überall ist der Einfluss westlicher Kultur erkennbar und vermischt sich – besonders bei der in der IT-Branche arbeitenden Bevölkerung – oft auf kuriose Weise mit der traditionell-indischen: Der Manager geht nach einer Skype-Konferenz mit New York in den Tempel, auf der Arbeit trägt er Anzug, zuhause einen Sherwani, das Mittagessen in der Firma wird mit Messer und Gabel gegessen, in seiner Wohnung benutzt er die rechte Hand. Der neue Gelände-Jeep wird vor der ersten Fahrt mit Blumen geschmückt und von einem hinduistischen Priester geweiht, vor einer traditionellen Hochzeit werden nicht selten Cocktailparties abgehalten und aus dem Wirrwarr der unzähligen Hindi-Dialekte tönt immer deutlicher das Englische heraus.

FAMILY & CASTE SYSTEM

Die Familie steht im Leben eines Inders traditionell über allem. Man lebt und arbeitet für sie und bleibt bei ihr, komme was da wolle. Man hört auf das, was die Eltern sagen, man wählt den Beruf, den die Eltern für richtig halten, man heiratet den Partner, den die Eltern aussuchen.

In Indien sind 80-90% aller Hochzeiten arrangiert. Befindet sich der Sohn im heiratsfähigen Alter, so beginnen die Eltern in ihrem Umfeld oder mit Hilfe von Vermittlungsbüros oder Anzeigen auf einschlägigen Webseiten und in Zeitungen nach einer passenden Frau für ihn zu suchen. Mitgift und Bildung sind Auswahlkriterien, insbesondere aber muss sie aus derselben Kaste stammen.

Das Kastensystem ist die andere bestimmende Komponente in der Lebensgestaltung der Inder. Und auch wenn es für einen Außenstehenden meist nicht ersichtlich ist, so ist es durch alle Gesellschaftsschichten hinweg noch immer präsent. Die Inder definieren sich über ihre Kaste, ihre Kastenzugehörigkeit bestimmt den Lebensraum, die Stellung in der Gesellschaft und grenzt die Berufswahl ein.
Zwischen den Kasten kommt es immer wieder zu Spannungen und Mitglieder niedriger Kasten (besonders die Dalits, die als »unrein« geltende Gesellschaftsschicht) sehen sich bis heute massiver Diskriminierung ausgesetzt. So ist es für sie beispielsweise weitaus schwieriger, an Ausbildungs- und Arbeitsplätze zu kommen. Staatliche Programme zur Förderung der benachteiligten, sogenannten »Backward-castes« stießen wiederum auf massive Proteste der höheren Kasten.

> I'm from a backward caste. But I am not cleaning your shoes, not?

Besonders in den Städten gibt es jedoch immer mehr Inder, die sich sowohl gegen das Kastensystem als auch gegen die traditionelle Organisation der Familie stellen. Arrangierte Hochzeiten werden abgelehnt, immer öfter kommt es zu Liebesheiraten, die keinerlei Rücksicht auf Kastenschranken nehmen. Die Arbeit sucht man sich nach Interesse und Fähigkeit und wenn es die Berufswahl erfordert, zieht man aus, um Studieren zu können - auch in eine andere Stadt. Dies trifft zunehmend auch für immer mehr Frauen zu, für die traditionell der Platz im Haushalt vorgesehen wäre.

> My aunt left her husband for another man from a different caste ...

> That showed me that you can live your life the way you want it and not the way society tells you to do.

THE WOMEN

Indien ist ein stark männlich dominiertes Land. Das bekommt man auch in Bangalore zu spüren. So waren es fast immer nur Männer, die mich beim Zeichnen auf der Straße ansprachen und mit denen ich in Kontakt kam. Mit Frauen – besonders mit Frauen aus der unteren Schicht – kam ich weitaus seltener ins Gespräch.

Frauen bekleiden seit jeher eine sehr niedrige Rolle in Indien. Sie haben gehorsam und dem Mann untergeben zu sein, für sie ist »der Platz hinter dem Herd« vorgesehen. Bildung erfahren sie nur selten und wenn doch, dann oft nur, um sie attraktiv für einen potentiellen Ehemann zu machen (nach der Eheschließung wird der erlernte Beruf dann meist nicht mehr ausgeübt). Immer wieder sieht man beleidigende Gesten gegenüber Frauen auf den Straßen oder liest von Vergewaltigungen in der Zeitung.

Frauen aus der Mittelschicht lernte ich jedoch einige kennen (so z. B. Rucha). Sie studieren oder haben eine Arbeit, sind eigenständig, zielstrebig und selbstbewusst. Und so sehr man mit ihnen Spaß haben kann, so wenig lassen sie mit sich spaßen. Während meines Aufenthalts erlebte ich, dass sie 15 Minuten mit einem Rikscha-Fahrer diskutierten, weil dieser glatte 10 Rupien mehr als gewöhnlich verlangte und sich lauthals mit dem Wachpersonal ihres Apartmenthauses stritten, das sie daran hindern wollte, einen Six-Pack Bier mit in die Wohnung zu nehmen. Sie reagierten äußerst empfindlich, wenn ihnen ein Mann etwas vorschrieb.

CLOSING HOUR

So geschäftig und voll Bangalore am Tag auch sein mag, so leer ist es in der Nacht. Mit Einbruch der Dunkelheit verkriechen sich die Leute in ihren Häusern, die Straßen geraten immer mehr in die Hand der tagsüber so friedfertigen Straßenhunde und nur hier und dort sieht man noch kleine Gruppen von Indern, die an einem »Liquor Store« einen »Old Monk« (ein indischer Rum) zu sich nehmen oder am Straßenimbiss einen »Masala Dosa« (eine Art Pfannkuchen mit würziger Kartoffelfüllung) essen.

Ab 23 Uhr ist in Bangalore Sperrstunde und die wird von der Polizei mit aller Konsequenz durchgesetzt - nicht nur in Bars und Diskotheken, sondern auch im Privaten. Wird in einer Wohnung zu laut Musik gehört, dauert es nicht lang und es klopft an der Tür.

Die frühe Sperrstunde führt teilweise zu einem sehr exzessiven Partyverhalten der Inder. Wenn die Inder Parties feiern, dann als gäbe es kein Morgen mehr. Indische Parties beginnen gegen 21 Uhr. Man hat also nur zwei Stunden Zeit, bis die Lichter ausgehen. Und in diese zwei Stunden muss all das gepackt werden, was man in meiner Heimat in einer ganzen Nacht macht.

LOVE & RELATIONSHIPS

Wenn man von exzessivem Partyverhalten der Inder spricht, dann bezieht sich das eher aufs Tanzbeinschwingen und an besonderen Tagen auf den Alkoholkonsum. Beim Umgang mit dem anderen Geschlecht herrscht hingegen weniger Ausgelassenheit.

Liebe und Sexualität haben in der indischen Öffentlichkeit nichts zu suchen. Weder auf Parties und erst recht nicht auf der Straße tauschen Paare miteinander Zärtlichkeiten aus. Man begegnet sich mit Distanz, selbst Händchenhalten ist zu viel des Guten und nicht einmal auf der Hochzeit habe ich den bei uns üblichen Hochzeitskuss erspähen können. Beziehungen spielen sich in den eigenen vier Wänden ab. Oder an Orten abseits neugieriger Blicke.

FUTURE

Chandru und Venkatesh meinten zu mir, dass man noch zehn Jahre warten solle, dann würde in Bangalore alles wie in den USA sein. Mit Sicherheit geht die Entwicklung stark in diese Richtung und mit Sicherheit muss man sich fragen wie lange die indischen Traditionen in dieser Stadt noch so geschätzt werden, wie jetzt.

Wenn man allerdings inmitten von Reis werfenden Hochzeitsgästen steht, wenn man eine siebenköpfige Familie sieht, die sich gemeinsam in eine einzelne Rikscha quetscht, wenn man auf einem Fleischmarkt einen Korb mit Schafsköpfen angeboten bekommt oder wenn einem ein Straßenarbeiter sein Skizzenbuch mit Kokosmilch segnet, dann kann man das nicht so ganz glauben. Bangalore ist eine Stadt, in der der ganz normale indische Wahnsinn herrscht und in der die Dinge einfach mehr als nur anders laufen. Das musste ich nicht nur feststellen als ich mir vor meiner Abreise in einem Bekleidungsgeschäft ein typisch indisches Hemd kaufen wollte:

MAKING NEW FRIENDS

Bangalore – eine Stadt voll von Gegensätzen und Unbekanntem, voll Veränderung und Aufbruch. Dennoch sind es am Ende seine Bewohner mit ihrer freundlichen und offenen Art, die bei mir den stärksten Eindruck hinterlassen haben. Überall schenkte man mir ein Lächeln oder ein Kopfnicken, man lud mich zum Essen oder zum Teetrinken ein und egal, ob ich mich in reichen oder armen Gegenden aufgehalten habe, stets fühlte ich mich willkommen.

Dass die Inder derart freundlich auf mich reagierten, hatte mit Sicherheit ein wenig damit zu tun, dass ich ein zeichnender Weißer und somit in doppelter Hinsicht ein Exot bin. Aber nur daran wird es nicht gelegen haben. Noch nie habe ich ein so gastfreundliches, offenes und herzliches Volk getroffen. Und selten fiel es mir so leicht, neue Freunde zu gewinnen.

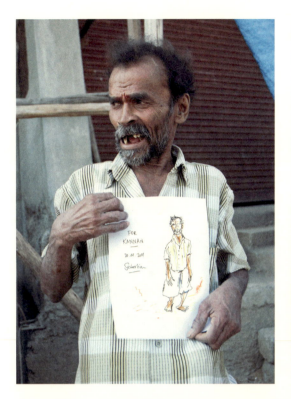
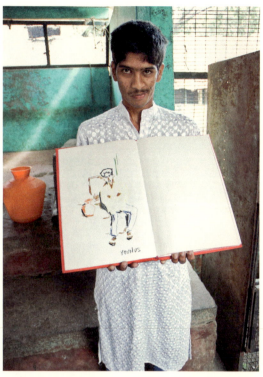

SEBASTIAN LÖRSCHER,

1985 in Paris geboren und bei München aufgewachsen, hat Kommunikationsdesign an der FH Würzburg-Schweinfurt und an der Kunsthochschule Berlin-Weißensee studiert. Wenn er nicht gerade ferne Länder mit seinem Skizzenbuch durchstreift (nach seinem Bangalore-Aufenthalt tat er dies zuletzt fünf Monate lang in Haiti), lebt und arbeitet er in Berlin als Illustrator und Autor.

Seine Werke umfassen Kurzgeschichten, Comics und gezeichnete Reportagen und erscheinen in verschiedenen Verlagen in Deutschland.

Weitere Titel:

»Ziegenmilch & Zeichenstift« (Kunstanstifter Verlag)
»Muskulöse Zeiten« (Eichborn)

www.sebastian-loerscher.de

THANKS TO...

Rucha Dhayarkar für die tollen Erlebnisse in Indien, das Beantworten meiner vielen Fragen und die Hindi-Übersetzungen.

Jule Krusch, Xaver Xylophon und Jannis Schulze für ihr ständiges Feedback und die schönen gemeinsamen Zeiten im Atelier.

Prof. Stefan Koppelkamm für die Organisation der Bangalore-Reise sowie das Goethe-Institut Bangalore für die finanzielle Unterstützung.

Cosima Schneider für ihre Begeisterung für meine Arbeit, ohne die dieses Buch wohl nie seinen Weg an die Öffentlichkeit gefunden hätte.

Christian Schiebe für seine (wie immer) weisen Worte in der Startphase des Buches.

Meine Eltern und meinen Bruder Tobi für ihre immer währende Unterstützung.

Für ehrliche Meinungen, Hilfe und Beistand, tolle Zeiten oder alles zusammen danke ich: Anna Gusella, Rico Greb, Enno Lüllmann, Johannes Bögle (für die Videos!), Lukas Fischer (für Fotos und Infos!), Nanne Meyer, Alex Klug, Kristina Roepstorff, Mariam Shatberashvili, Andrea Baron, Avani Tanya, den Teilnehmern des »Law of the Market«-Projekts der Kunsthochschule Berlin-Weißensee, den Studentinnen der Srishti School of Art, Bangalore und all denjenigen denen ich auf meiner Reise begegnet bin und mit denen ich so viel erleben durfte.

IMPRINT

Lizenzausgabe für die Edition Büchergilde, Frankfurt am Main
Mit freundlicher Genehmigung der Büchergilde Gutenberg,
Frankfurt am Main, Wien und Zürich

1. Auflage 2014
Alle Rechte vorbehalten
Copyright © 2014 Büchergilde Gutenberg
Frankfurt am Main, Wien und Zürich

Illustrationen & Text: Sebastian Lörscher, Berlin
Herstellung: Cosima Schneider, Frankfurt am Main
Druck & Bindung: CPI – Ebner & Spiegel, Ulm
Printed in Germany 2014

ISBN 978-3-86406-038-0

www.edition-buechergilde.de